VERONIKA BEYER

Die Seelenuhr

Gedichte sprechen Bände

© Copyright 2016 Veronika Beyer

1. Auflage, Dezember 2016

Meine Liebe zu dir
wächst so unermesslich wie das Universum
und ist dennoch schon so vollkommen wie Gott.

Für Mama, Papa und Evelyn

Kristallkinder

Ich habe mein Leben bereits mit fünf Jahren anders, intensiver und ungewöhnlicher erlebt und wahrgenommen, als viele meiner Mitmenschen. Ich blicke und fühle tief in meine Seele und die Euren hinein. Ich möchte mich und euch an die Schönheit der reinen Liebe erinnern und setze mich für sie ein. Ich habe ebenso viele dunkle und schwere Zeiten, wie auch helle und fröhliche erlebt. Beide Seiten dieser Zeiten möchte ich mit euch teilen. Mit diesem Gedichtband widme ich der Erde meine Aufrichtigkeit und Liebe. Ich bin vielseitig und mit dem Schreiben bringe ich das weltliche und geistige in Symbiose. Ich erreiche womöglich nicht die ‚grosse Masse'. Dafür erreiche ich einzelne Seelen in ihrer Gesamtheit. Dafür bin ich da.

Schon in meinen frühen Kindesjahren hatte ich einen starken inneren Drang, so schnell wie möglich das Lesen und Schreiben zu lernen. Die tiefe Leidenschaft für Gedichte entwickelte sich dann rasch von selbst. Eine ausgeprägte Feinfühligkeit und eine wertvolle Ader für die Fantasie zeichnen mein Wesen und meine Gedichte und Texte aus.

Mein besonderer Blick auf das Leben, die Menschen, deren Geist und deren Seelen sind aus meinen Gedichten heraus zu lesen. Und vielleicht kannst Du dabei auch Dir selber begegnen. Ich drücke aus, was mich innerlich bewegt und ich schreibe und philosophiere aus meinem tiefsten Herzen. Wenn meine Gedichte mir einen Traum erfüllen dürfen, dann derjenige, dass ich Dir in deinem wunderbarem Herzen etwas mit meinen Worten mitgeben und schenken kann für deinen weiteren Weg. Ich wünsche Dir viel Genuss und Licht beim Lesen meines ersten Gedichtbandes.

Ein Kristallkind unterscheidet sich vor allem in einem Punkt von den anderen Menschen. Es ist seine Aufgabe, den Menschen mit seiner Liebe, seinem Licht und seiner Heilungskraft zu helfen. Sie arbeiten mit den göttlichen Helfern zusammen und vertrauen in ihre Stärke. Ein Kristallkind hat sich für diese besondere Lebensaufgabe der Liebe entschieden. In ihnen leuchtet eine wunderbare Energie des kristallinen Lichtes, welches ihnen das einzigartige Wahrnehmen, Heilen und Transformieren auf einer feinstofflichen Ebene ermöglicht. Wer dem wahren Kern einer solchen Seele begegnet, wird eine heilende Transformation erfahren und sich fortan intensiver und anders wahrnehmen. Es sind tiefe Freundschaften, die solch heilsame Erfahrungen ermöglichen und sie stehen jedem Menschen offen, wenn er dafür bereit ist. Für mich und meine Entwicklung sind diese Herzbegegnungen und Freundschaften von höchster Bedeutung und nur dank all diesen besonderen Seelen habe ich es bis hierhin geschafft. Ich danke Euch von tiefstem Herzen!

Kristallkinder zeigen ihren Seelengeschwistern neue Perspektiven. Sie vertreten nicht einfach ihre Meinung sondern äussern sich in ihrer Haltung zur Liebe. Sie fordern ihre Mitmenschen zu einem Wahrnehmungswechsel auf. Sie sollen sich und ihre Welt durch die Augen der Liebe betrachten, weil es schön und weil es echt ist. Diese Wahrnehmung in Liebe gilt auch für die Wahrnehmung gegenüber den Pflanzen, Tieren und der Natur. Man bewegt und verhält sich achtsamer und entdeckt die kleinen Schätze unserer Erde, wenn man sie liebt. Die Reise ins Herz und in die geistige Entwicklung ist die wahre Heilung und Transformation aller Seelen. Wenn ein Kristallkind auf die Welt kommt, findet es unentwegt einen abenteuerlichen und oftmals schweren Weg zu seinem Ziel. Die Konfrontation mit dem Leben auf der Erde, der geistigen Welt und den vielen verwirrenden Gefühle der Menschen halten sie auf Trab. Ihr Weg ist ihre Ausbildung!

Haben sie einmal den Draht zu ihrem Herzen entdeckt, finden sie ihn immer wieder und mit jedem Mal besser. So finden sie auch den Zugang zu anderen Herzen. Im Herzen und in der Liebe sind sie zu Hause und Kristallkind hin oder her, sie bleiben ganz normale Menschen mit Ecken und Kanten. Sobald sie gelernt haben, sich selber und ihre Gefühle allumfassend anzunehmen und zu akzeptieren, wachsen sie über sich hinaus. Die eigene Überzeugung und der Glaube an diese inneren Gaben werden ihnen den Weg frei schaffen. Mit ihrem *Sein* entsteht eine ehrliche Freundschaft und die Aufgaben werden ihnen geschickt. Somit haben Kristallkinder eine grosse Herausforderung, die sie erwartet, genau wie Dich und jeder einzelne Teil dieser beeindruckenden und schöpfenden Mutter Erde.

Ob die Menschen da draussen an meine Fähigkeiten glauben, ist nebensächlich – denn die Liebe heilt und das ist meine Wahrheit. Es war hart, dies zu erkennen, gerade weil ich durch meine Feinfühligkeit die Bedenken und Zweifel der anderen Menschen wahrnehmen konnte und sie oft auch zu meinen eigenen machte. Es ist ein langer Weg, den ich bis jetzt gehen durfte, doch am Ende des Tunnels wartet immer eine Bestimmung zur Heilung und Transformation. Wenn ich tiefes Vertrauen gefunden habe, zeige ich einer Person mein ganzes Universum und lade sie in mein Herz ein. Ich schicke Vertrauen, Heilung und Schutzengel – ich spüre und bemerke, wenn mich jemand braucht und ruft. Viele Menschen lehnen die Hilfe ab, machen sich lustig über das, wofür ich stehe oder finden keinen Glauben daran. Das ist mittlerweile in Ordnung für mich. Anfangs hat mich das sehr mitgenommen und gekränkt. Heute erkenne ich all die Menschen, welche zu mir halten und sich auf neue Erkundungen einlassen. Dafür danke ich Euch. Rein meine Herzstimme und eure Liebe leiten mich in die richtige Richtung.

In Liebe, *Veronika*

Inhalt

kristallkinder   7

dich meine ich   14

kriegerin   15

der schmerz ist eigenartig   16

ich will   22

für dich   24

weiter mit dem wind   26

eine reise   28

stehen oder gehen?   30

freier vogel   31

ich war verliebt   33

die traurige liebe   36

traumuhr   38

einen tag   40

von der zeit der ewigkeit   44

wie die reise weiterging   53

liebe	59
das gespräch mit dem chancen-gott	60
zitate aus meinem seelengarten	64
lass die menschen, wie sie sind	66
zeit zum denken	68
lass mich eine weisse reine feder sein	70
die seelenuhr	74
rosenessenz	75
ein text über die freiheit	77
danke	82
veronika beyer	84

ଓଽଠ
ଓଽଠ
ଓଽଠ

Der Mensch hetzt in der Zeit, weil ihm sonst zu wenig von der Ewigkeit übrig bleibt. Die Seele währt ewig und die Zeit rinnt vergänglich. Welches ist unser grösseres Verhängnis?

ଓଽଠ
ଓଽଠ
ଓଽଠ

Dich meine ich

Du bist mehr, als alles Meer der Welt,
    dich meine ich.
Du bist nicht leer, du bist voll von Gefühlen,
    dich meine ich.
Du bist nicht verdorben, du bist verloren,
    dich meine ich.
Du hast die Augen offen und gleichzeitig geschlossen,
    dich meine ich.
Du hörst nie auf, zu hoffen, viel Herzklopfen,
    dich meine ich.
Du hast immer eine Hand, auch wenn blutoffen,
    dich meine ich.
Du bist verletzt, ganz benommen vom Schmerz,
    dich meine ich.
Du geniesst die Welt, stellst sie verkehrt,
    dich meine ich.
Du bist ein Kämpfer, niemals ein Held,
    dich meine ich.
Du bist verletzlich, legst dein Herz in die Welt,
    dich meine ich.
Du glaubst an den Frieden, du wählst diesen Weg,
    dich meine ich.
Du greifst nach deinem Innern, du wirst gewinnen,
    dich meine ich.
Du findest deine Bestimmung, nach all der Verwirrung,
    dich meine ich.

Kriegerin

Ich bin eine Kriegerin,
ich kämpfe für den Frieden hin.

In meinem Herzen trag ich Liebe und Weisheit,
meine Wurzeln entstammen der Freiheit.

Du und ich gleich summiertes Licht,
eine ewige Liebe, ein bedingungsloses Gedicht.

Ich bitte meine Schutzkreise
um Heiligkeit in meiner Reise.

Um ehrliche Führung, um liebevolle Begleitung –
lasst mich von Erkenntnis schreiben.

Lasst mich aus meinem Herzen entscheiden!
Leuchtet mir die Stimme, von der ich begreife.

Ich will entscheiden, mich vom Atem loszureissen,
nach oben, nach unten,
    in meiner Mitte zu verweilen.

Ich lass los,
was ich zu halten anfing.

Ich binde mich los,
ich kriege das hin.

Der Schmerz ist eigenartig

Der Schmerz ist eigenartig.
Wie soll man ihn definieren,
wenn man ihn fühlt?
Der Schmerz ist eigenartig,
und rein das geschriebene Wort,
gibt dir bereits eine Erinnerung an sein Gefühl.

Der Schmerz kostet,
kostet dich Energie.
Und zugleich er dir Energie nimmt,
gibt er dir immer eine Erfahrung
als Gegenleistung dafür.
Du findest diese nicht gut –
das ist jetzt dein Bild von dem Schmerz,
welches sich durch dein eigenes Erleben
in den Momenten seiner Anwesenheit gezeichnet hat –
ganz tief in deinem Herz.

Der Schmerz ist eigenartig,
und bereits gibst du ihm keine Anerkennung.
Du verachtest ihn,
denn seine Gewalt und Macht hat seit Anbeginn
seine Aufgabe bei dir bewirkt.
Es bleibt ein Funke von angstgetriebenem Respekt,
der eigenartige Schmerz,
der den Menschen doch nur verletzt!

Der Schmerz ist auch eigenwillig,
denn er beweist die Existenz deines Herzens.
Und nicht nur das.
Er kann es dir auch zerreissen.

Das bedeutet,
zu leiden.

In tausend Stücke, so sagt man es.

So kniest du dich nieder
und versuchst, es zu flicken.

Aber neben dem er es zerreisst,
gibt er Dir die Chance und die Möglichkeit,
es eigenhändig zu flicken.
Dir selbst zu beweisen,
dass die Liebe zu dir selbst höher ist,
als der Wunsch, den Schmerz zu vernichten.
Dass die Liebe zu Dir selbst mehr Macht hat,
dich zu besitzen,
als du zulassen würdest,
dich nur wegen des Schmerzens selbst zu vergiften.

Der Schmerz ist eigenartig,
denn er therapiert.

Der Geist der Zeit nimmt den Schmerz
irgendwann ganz von alleine von dir.
Der Schmerz ist nicht nur ein Gefühl,
ganz eigenartig.
Manchmal scheint er mir als der Preis meines Seins
und die Ausgangslage der beginnenden Freiheit.

Der Schmerz ist eigenartig,
denn du trägst ihn nicht nur mit bei Dir,
sondern du kannst dich in ihn fallen lassen,
um etwas zu spüren,
dass du sonst nicht einmal siehst.

Verdammt, das Ergebnis der Rechnung,
die sich hier addiert und multipliziert,
ist das Leben –
und Du dank der Sinne deines Körpers
Vieles wahrnimmst und doch wird in deiner Psyche
deine Welt nur auf das Leid reduziert.

Doch es hat sich doch eigentlich nur
der eigenartige Schmerz dazu addiert.
Irgendwann,
da hast Du ihn auf einmal im Körper, deinem Geiste
und deiner Seele gespürt.

Manchmal ist er auch ein Spiegel von Dir.

Du bist nicht am Ende,
wenn der Anfang seiner Anwesenheit sich präsentiert.
Der Schmerz gibt dir DAS,
damit du lernst,
mehr im Erleben zu erkennen,
als es Dir dein Augenlicht je enthüllen wird.
Denn dein Auge sieht nur die Materie und
der Ursprung des Schmerzens kommt nicht von hier…

Der Schmerz ist eigenartig – und so sind es auch Wir!

Und was WAS,
er gibt mir genau welches DAS?

Er gibt dir die Erfahrung,
dich zu schützen,
dich zu heilen,
dich zu fühlen.

Und er gibt dir die eigenartige Illusion,
zu denken,
er sei nur wiedermal hier,
um dich runterzukriegen.
Nie hat er verlangt, deine Achtung zu kriegen,
obwohl dir oft die Erkenntnisse
nur durch sein Erleben gelingen.

Er ist dein Lehrer.
Doch im Gegenteil meinst du zu wissen,
er sei dein Feind
und du hast keine greifbaren Waffen gegen ihn.
Er meinte es doch noch nie gut mit dir.

Der Schmerz ist eigenartig
und ein zärtliches Spiel,
zwischen erleben müssen,
wahnsinnig werden und dazu zu lernen,
indem man ihn *akzeptiert*.

Schmerz ist vergänglich
und der Schmerz gehört nur sich selber,
aber am allermeisten gehört dieses eigenartige
Gefühl auch Dir.

Er besucht dich gerne immer wieder,
denn er will es nicht schaffen,
Dich runterzukriegen.

Er will nur bei Dir sein
und seine Existenz in dir entfachen,
damit du irgendwann erkennst und siehst,
dass Du dank ihm nun dort bist,
wohin er vorhatte, Dich zu führen.

Und ganz oft hat er dich gewarnt,
Dir deine von der Aussenwelt erblindeten
und manipulierten Augen aufgemacht.

Bist Du schon wach?

Der Schmerz ist eigenartig.
Denn neben dem, dass du ihn fühlen kannst
und er immer vorhat,
Dich nach einiger Zeit zu verlassen;
Kannst Du dich immer selbst dazu entschieden,
ihn zu lieben oder ihn zu hassen.

Ich will

Ich will noch so viel erfahren,
was verändern und umgekehrt.
Ich will noch so viel mehr hoffen,
was lieben und alles aus mir raus schreiben,
bis gar nichts mehr geht.

Ich will mich hier verwirklichen,
weil verewigen leider nicht geht
und ich will mich hier erkennen,
weil ich mir sonst verloren geh.

Ich will manchmal verschwinden,
was zerstörendes in mir bebt,
an einem anderen Ort dann explodieren
und mich darauf sammeln gehen.

Ich will mal heftig durchdrehen,
mit wirbelnden Konfettis, lauten Trommeln,
mystischer Regen und strahlender Morgensonne.
Ich will die Aufmerksamkeit des Volkes
nur für eine Sekunde stehlen.
Kurz lächeln, mein Bestes geben.

Ich will für 60 Minuten in die Vergangenheit reisen
und schnell alles aufräumen,
was ich dabei bin, zu zerstören
und bevor ich wieder abreise,
will ich die Meinung meines alten Ichs noch hören –
ich will diesem Mädchen endlich vergeben.

Ich will nach vorne in die Zukunft sehen,
mich beruhigen, durchatmen
und vor falschen Taten bewahren.

Ich will etwas erreichen,
die Menschheit begeistern
und die Neider vertreiben.

Ich will einen Wald pflanzen
und die Wälder beschützen,
die Sprachen der Natur lernen
und sie fliessend benützen.

In meinen Lebenslauf möchte ich darauf hinweisen,
ich lebe für die Natur,
ich bin in den richtigen Kreisen und wo bist Du?
Ich will mich spüren,
dieser innere Quell.
Am Abend auf dem Sofa schlafen und merken,
dass keiner etwas von mir will.

Heute habe ich erkannt,
wie schön meine Augen sich schliessen
wenn ich auch will, was ich fühle
und auch tue, was ich will.

Denn ich will die Welt mehr spüren,
noch so viel erfahren,
was verändern und umgekehrt.
Ich will noch so viel mehr hoffen,
was lieben und alles aus mir raus schreiben,
bis gar nichts mehr geht.

Für Dich

Immer wenn ein Menschenwesen uns verlässt,
die Trauer und Sehnsucht uns tief verletzt,
erblüht weit weg und doch sehr nah,
im Himmel ein Wesen,
das Flügel tragt.

In all den Momenten,
in denen wir über Vergangenes nachdenken,
leben die Engel wieder mit uns als Menschen.
An den Tagen,
wo kalte Tränen unsere Augen verlassen
und man meint,
man hat uns allein zurückgelassen,
erblüht ein Lichtwesen hinter uns,
öffnet seine Flügel und umarmt uns.

Schritt für Schritt bewachen sie uns.
Insgeheim sind sie die Kraft in uns.
Schlussendlich werden sie deine Trauer besiegen,
dein Herz mit ihrem Licht umsiegeln,
und dich immer in ihrem Himmel lieben.

Sie lieben, wachen, schützen und begleiten,
in guten wie in schlechten Zeiten.
Sie sind Engel,
sie helfen und sie verstehen,
dass es uns Menschen im Leben
nicht immer einfach mag ergehen.

In deinen Träumen – mein Liebling –
wirst du deinem verlorenen Menschen
noch so manches Mal begegnen.
Mit ihm Erlebnisse ein zweites Mal erleben,
ihm von all deinen Gefühlen und Wünschen erzählen.

Irgendwann – mein Liebling –
wirst du ihm wieder begegnen,
denn auch Du bist ein Engel,
als Menschenkind, ein Wesen der Liebe, hier auf Erden.

Bis auch bei Dir irgendwann die Flügel aufschlagen,
und deine Seele in den Himmel tragen,
folge deinem Herzen
und all den gutherzigen Wesen,
die deinen Weg mit Dir gehen.

Ich will dir noch sagen,
dass Du einer der wertvollsten Menschen bist,
den ich in meinem Leben habe.
Und ganz egal,
wie glücklich oder traurig du bist,
ich bin immer da für dich...

Weiter mit dem Wind

Ich kann nicht erklären, was in mir vorgeht,
eintausend Gedanken, wie ein dunkles Meer.
Damals haben wir uns noch in die Augen gesehn,
unsere Hände gehalten,
zusammen Wege erschaffen
und keiner wollte alleine gehn.

Dann stand ich da,
als etwas in mir sagte,
fliege mit dem Wind,
horche deinem Innern
und sei ein Engelskind.

Einmal kommt die Liebe,
die dein Herz gefangen nimmt.
Wir spüren dann das Leben,
weil wir ganz berauscht davon sind.
Wir geniessen unsere Laune,
bis wir abhängig davon sind.
Lassen unsere Stimme fallen,
und gehen mit dem Wind.

Wir leben in einer Welt,
wo den andern dein Unglück erfreut.
Wir leben in einer Welt,
wo Selbsthass immer mehr Feuer fängt.
Wir leben in einer Welt,
wo nur noch Karma über Gerechtigkeit bestimmt.
Wir leben in einer Welt,
die dir deine Träume nimmt.

Und ich gehe weiter,
weiter mit dem Wind.
Laufe weg von diesen Leuten,
die sich selbst verschwenden,
ihren Körper verschenken
und vergessen haben,
wer sie in Wahrheit sind.

Eine Reise

Ich mach hier eine Reise zwischen zwei Pfeilen,
die mir den Weg immer in zwei Richtungen weisen.
Steh in der Mitte und reiss meine Meinung entzwei,
wie Yin und Yang,
Schwarz schickt Weiss
den Ball – den Bumerang.

Für mich öffnen sich keine Türen,
es sind eher klappernde Schubladen
und sobald ich sie öffne,
stellt sich mein Hirn neue Fragen.

Meine Wahrnehmung ist wie ein Fax,
das nur Nachrichten erhält,
warum's wieder nicht klappt.

Ich liess mich rumbefehlen und sah dabei zu,
wie meine Selbstzweifel wieder anfingen
durch Spiele der anderen
ihre Bestätigung auszuleben.
Unter welch enormen Druck müssen wir wohl stehen,
welch Vertrauen schenken wir den Lügenerzählern?

So ist das Leben,
würds im Tagebuch eines Franzosen stehen,
der sich weigert, zu ändern,
was längst nicht wär geschehen,
wäre er mit grossen Willen,
seinen Schwächen gegenüber getreten.

Ich bin eine Schweizerin,
kurzsichtig und eine Schweigerin.
Ich nehme Sachen hin, die mir entgleiset sind.

Vom Schwindeln wird mir übel,
für Notfälle blieb mir jeweils der Kübel.
Danach muss ich grübeln.

Es ist, als suchte ich Wasser in der Wüste,
ein Leben ohne Geld in der Industriewelt,
Gerechtigkeit in der dritten Welt.
Das sind alles bloss Metaphern
für vollbrachte Taten.

Ich höre mich des Öfteren über die Umstände hier klagen.
„Freiheit!" Dass ich diesen Begriff überhaupt noch sage,
ohne ihn jemals gespürt zu haben.

Das wir alle hier unser Leben
so mehr oder weniger ertragen,
hat schon sehr viel über unseren Geist auszusagen.

Stehen oder Gehen?

Soll ich stehen bleiben?
Soll ich gehen, soll ich verreisen?
Wartet da draussen meine Leiter,
eine Kutsche mit zwei Pferden
oder werde ich den Weg alleine meistern?

Bin ich genug für mich da?
Habe ich eine Sicherheit,
verfüg ich über eine Wahl?
Würde ich das Märchen wählen
oder doch den faden Roman?

Ich wähle das Dazwischen
vom Stehen und Gehen.
Lebe in Momenten,
die dauernd im Winde verwehen.
Ich widme mich den Träumen
und verreise in aller Kund,
ich bin ja eine Seele
wie die Welt so kugelrund.

Ich träume von Märchen
mit Kutschen und Pferden
und lach über Leute,
die über mich werten.

Ich steh zu mir und
steh für mich auf,
ich riskiere, ich zittre,
ich schreib mir das auf.
Ich wähle die Wahrheit,
ich wähle das Gedicht,
ich wähl die Sprache,
die aus dem Herzen spricht.

Meine Augen bleiben offen
ich erfriere an der Hoffnung,
dass du kommst und nicht wieder gehst,
dass du meine Augen leuchten siehst.

Du bist ein freier Vogel,
nichts wird Dich vom Himmel holen,
denn du siehst die Welt von oben!

Ich vermisse dich schon jetzt.
Mein Kopf ist voll von Gedanken,
du bist hineingekommen
und nicht wieder gegangen.
Und mein Kopf kämpft und kämpft,
gegen das Gitter, das dich drin hält.
Ich weiss nicht mehr,
was noch sagen.
Du machst mir tausend Fragen.

Du bist ein freier Vogel,
nichts wird Dich vom Himmel holen,
denn du siehst die Welt von oben!

Wo sind deine Flügel?
Bitte bring dich her zu mir.
Ich will dir etwas sagen,
bitte flieg zu mir!
Sei doch jetzt mein Vogel –
sei doch jetzt bei mir!

Wär ich jetzt ein Vogel,
ich wünscht,
ich flieg zu dir.
Land in deinen Armen
und frag: „Vergibst du mir?"

Ich brauche nur ein paar Tage,
dann bin ich bei dir.
Wir überqueren alle Meere
bis hin zum Sternensee.

Ich wünscht,
ich könnte schlafen,
doch diese Träume sind so schwer.
Ich will mit dir verschwinden,
mit dir wegfliegen von hier.
Nur zu zweit ganz frei sein;
Ich wünscht,
du wärst bei mir!

Ich war verliebt

In mir suchte ich nach Dir.
In mir gab es kein Wir.
Die Suche fand hier ein Ende.
Etwas in mir hat sich verändert.

Nach dem ersten Blick,
den meine Augen dir schenkten,
blieb die nächste Zeit nicht mehr leer.
Du hattest dich ununterbrochen
in meinen Gedanken verankert.
Du warst gezeichnet, gekritzelt,
immerzu da und ich war gefangen.

Ich war mich am Verlieren,
war auf den Kopf gefallen,
konnte keinen Sauerstoff mehr kriegen.
Wer wusste schon, wie mir zu helfen war?
Ich war die Verrückte,
DAS war mir klar!

Ich suchte Teile,
die uns verbinden.
Fand bloss Scherben,
sie hatten sich neu gebildet.
Mir war schwindlig, ich stand neben der Spur.
Das Kopfzerbrechen quälte mich pur.
Ich ging nachts erst spät in die Federn
und wollte mir unser Glück einreden.

Ich stellte mir vor,
wie ich dich in meinen Träumen finde
und wie wir uns küssen,
da dran wollt ich mich im Nachhinein erinnern.
Ich wollte unbedingt Zeit mit dir verbringen.

Rein die Vorstellung daran berauschte all meine Sinne.
So tief tauchte ich in mich hinein,
nur um Dir am nächsten zu sein.

Ich distanzierte mich von mir selber,
so bekamst du Macht über mich.
Ich stürzte in mein Ende.
So tief sank mein Anker für Dich.

Das sollte Liebe sein.
Das sollte Liebe sein?
Nein!

Wen soll ich noch begreifen,
wenn ich hier all diese wahren Seiten
verweigre?

Das ist die Sprache des Leidens,
inmitten der Zeilen, den tragenden Zweifel.
Meine Gefühle schrien und ich schwieg,
obwohl all der Kummer und die Wahrheit
meiner Seele entwischten.
Ein stummer Krieg.

Ich blieb blind,
war innerlich vergiftet.
Nun war's aufgetischt,
es wurde gesichtet.

In mir suchte ich nach Dir.
In mir gab es kein Wir.
Die Suche fand hier ein Ende.
Etwas in mir hat sich verändert.

Die echte Liebe,
sie hat sich mir gezeigt.
Die echte Liebe,
nach der ich heimlich schrei.

Die traurige Liebe

Ich wäre fast in euer Zimmer gekehrt, hätte laut geweint und erzählt, wie leid mir alles tut. Inmitten meines Heilungsprozesses habe ich erkennen dürfen, wie aufwühlend es ist, wenn ich ihn durchlebe. Ganz benommen stellt sich ein Satz vor, der mir irgendwann zu Ohren gekommen ist: „Alles heilt!"

Die ewigen kleinen Nachrichten bilden einen grossen Zusammenhang. Jene ergeben schlussendlich den Kern unserer Sinne und unseres Schicksals. Ich habe es bewusst vermieden, mit jemandem offen darüber zu sprechen. Stunden über Stunden erzählte ich von diesem Mann, den ich liebte. Einen kleinen Moment lang, der sich wie die Ewigkeit anfühlte, spürte ich den Schmerz meiner Seele aufkommen. Tränen schwammen in meinen Augen, sodass alles auf einmal seine Schärfe verlor.

Ich liebte diese Seele so sehr, dass es sich anfühlt, als würde ich mich selbst betrügen, wenn ich was anderes tue. Ich traf ihn eines Tages und als ich in seine Augen schaute, kannte und liebte ich ihn bereits. Es hat sich längst ein Selbstschutz eingestellt, der mir alles ausreden kann. Das ist in Ordnung. Ich wüsste nicht, wie ich es sonst überlebt hätte. Jeder besitzt eine traurige Liebesgeschichte in seinem Leben. Das gibt einem den Anlass, zu denken, es wäre die wahre Liebe gewesen. Denn diese Liebe hat einen berührt. Sie hat uns eiskalt in ihren wildströmenden Fluss gerissen und uns dort mit aller Wucht gegen Felsen geschlagen und unsere Emotionen wirbelten gleich der stürmischen Wellen umher. Wir haben dort unser tiefstes Sein wie auch das Leiden unserer Seele spüren müssen. Wir waren verloren. Diese eine traurige Liebe hat uns im Inneren bewegt, uns den Atem geraubt und unser Herz und all unsere Sinne berauscht. Das macht diese Liebe aus!

Sie verändert uns gewaltig. Das Traurigste an der traurigen Liebe ist, dass man am Anfang und mittendrin denkt, es sei kein Ende in Sicht. Und obwohl wir leiden, geniessen wir es. Wir leiden gerne. Plötzlich hört es auf! Es ist fertig. Alles verdeutlicht sich und unser Leben und unsere Erfahrungen färben sich in neuen Farben.

Man hat uns ein Boot geschenkt und uns hineingesetzt. Rücksichtslos waren wir dem Sturm ausgesetzt. Mittlerweile gleiten wir fort von diesem Fluss und nähern uns langsam einem ruhigen, stillen See. Gelegentlich drehen wir uns um und erinnern uns an die wilde Fahrt, als sei es erst gestern gewesen. Unser Ein und Alles.
Jeden besucht auf eine andere Art und Weise diese wichtige Erfahrung. Der traurigen Liebe zu entkommen, wäre ebenso traurig.

Traumuhr

Traumfänger,
Traummänner,
Traumfrauen und das Traum-Happy-Ende.

Traumfigur,
Traumfrisur,
Traum mit andauerndem Flop im Nu.

Traumländer,
Traumsänger,
Traumleben vom Traumdenker.

Traumschiff,
Traumhaus,
Traumauto und der Traumkauf.

Traum in Kauf nehmen,
Traum aufgeben,
den Traum des Träumers erleben.

Ich will ein Träumer werden.
Tagträumer, Tagdenker,
Nachtdenker und Nachtträumer ohne Ende.

Traumtag,
Traumnacht,
der Traum, einer schlafenden Nacht
und eines traumhaften Tags.
Verträumt, geträumt, am Träumen
oder seinen Traum versäumen.

Traumkleid,
Traumhochzeit,
Traum des Fehlerfreiseins.

Paranormal, paranoid, Paragraph, Parasit.
Fiktion, Illusion, Perfektion, Vision.

Einbildung der Traumverwirklichung.
Traumbildung durch Einbildung.
Traumvernunft ohne Ankunft.
Dem Traum näher sein, als der Vernunft.
Der Traum ist die Kunst.

Realität ist der Traum der Vernunft,
die besagt,
realitätsgetreues Denken hält gesund.
Quatsch, Matsch, Dudelsack.

Erfinden, Selbstfinden, frei bestimmen.

Einen Tag

Einen Tag,
da sass ich vor mich hin
und fand heraus,
dass ich immer,
immer auf Etwas am Warten bin.

Ja,
einen Tag,
da fiel mir auf,
dass ich nicht weiss,
wohin ich mit mir gehen will.
Welche Geschichte ich hier am Schreiben bin.
Was ich in Bezug zu Dir fühlen will.
Dass ich einfach – einfach Etwas will.

Einen Tag,
da will ich mal hin.
Einen Tag,
für den kämpfe ich seit Lebzeiten hin.
Bleibe aber oft nur Sitzen,
in meinem einzigen Garten
von verwirrtem Unsinn.
Wo mich längst verwelkte Blumen jagen und plagen,
die ich noch hingebungsvoll mit Wasser am Giessen bin.

Einen Tag,
da fand ich heraus,
dass diese Blumen nichts
ausser die Samen der Vergangenheit sind,
aus der sie wuchsen und ich sie gepflegt habe,
um ihnen das Verdorren zu ersparen.

Diese Blumen können so Einiges sein,
Erinnerungen und Erlebnisse,
nach denen mich keiner fragt.

Einen Tag,
da fing ich an,
mich selbst zu fragen,
wohin ich mich trage.

Ja,
einen Tag,
eine Blume mehr in meinem Garten,
die damit beginnt,
zu wachsen.
Sich in mir zu entfalten.
Und das Einzige,
dass ich ihr geben mag,
ist,
ihre Gefühle samt ihren Wurzeln in der Erde
meiner Seele zu vergraben.
Sie bloss zu einem Tag werden zu lassen,
einem weiteren,
der an mir vorbeizieht.
Aber immerhin zieht.

Einen Tag,
da suchte ich mich,
glaubte, ich finde mich.
An einem Tag,
Und daran wage ich mich, zu glauben,
wird eine Blume mehr sein,
als bloss ein Warteraum.

Sie wird wachsen,
und in dem Garten einen wichtigen Platz
einer alten Blume erfassen.
Und ich werde es ihr gestatten.

Denn an einem Tag,
da fing ich an,
an diesen kommenden Tag zu glauben.
Eines Tages,
ja,
da fiel mir auf,
dass ich so Vieles nicht wahrhaben will,
so wenig ergibt einen Lebenssinn.
Nur die gelebten Tage.
Und ich zähle keine Tage,
ich bewerte sie nicht.
Und trotzdem haben sie alle
ihren eigenen Namen.

So gibt es Tage,
wie diesen,
einen Tag,
an dem ich mal ich selber bin.
Zerstörerische Tage,
lustige Tage,
geheimnisvolle Tage,
stressige Tage,
leidenschaftliche Tage,
durchmischte Tage,
die Nacht-Tage...

...herausfordernde Tage,
lehrreiche Tage,
verlassende Tage,
schleichend langsam.

Die Tage.
Ab und zu,
da sind sie vor Schnelligkeit sehr gut
oder kaum zu ertragen.

Aber einen Tag,
ja,
einen Tag,
wird sein, wie er ist,
bestimmt für mich.

Wird mir helfen,
dahin zu kommen,
wo ich jetzt noch nicht bin.

Einen Tag,
auf einen Tag kann ich mich noch verlassen,
denn er wird immer hier sein,
egal, wie alt ich bin und mit welchem Erwachen.

Einen Tag
trägt Dich immer irgendwo hin.
Eine Blume,
mein Liebling,
blüht nämlich immer,
immer solange sie will.

Von der Zeit der Ewigkeit

Das, was zwischen hell und dunkel,
zwischen dem Ein- und dem Ausatmen,
zwischen der Bewegung und dem Stillstand geschieht,
nenne ich Zeit.

Das, was von der Erinnerung übrig bleibt,
das, was in Erinnerung bleibt.
Das, was bleibt und das, was vergeht
und sich uns entwendet.
Das, was vollendet
und trotzdem noch zu vollenden bleibt,
hinterlässt ein Gefühl von Zeit.

Die Zeit scheint als Einzige,
die Wirklichkeit zu sein.
Und doch endet eine gewisse Zeit;
Deine und Meine.
Sie endet,
wenn du diesen Planeten verlässt.
Sie begann,
als Du einst im Bauche deiner Mutter
zu wachsen begannst.
War es je deine Zeit?
Ist es deine Zeit?
Verweilst du im Denken einer tickenden Uhr,
einer Zahl, einem Datum,
einem Jahr?

Ist die Zeit in deinem Kopf ein vorgesehenes Geschehen,
statt ein Geschehen des Unvorhersehbaren?
Hat irgendjemand auf dieser Erde ZEIT?

Und ich meine die Zeit an sich,
subtrahiert von Erinnerung, Zahl, Erleben, Instinkt.
Also besitzt man die Zeit oder lebt man im Gedanken,
sie sei Etwas, das von uns übrig bleibt?
Uns *übrig* bleibt?

Ist Zeit der Zwischenraum,
ein Raum, in dem wir uns begeben?
Nämlich der Raum, des begrenzten Lebens?

Zeit ist eine Interpretation der Ewigkeit.
Aber WO entsteht Zeit?
Kann Zeit überhaupt *entstehen*,
oder glauben wir nur,
sie sei hier,
weil wir an Erinnerungen der Vergangenheit kleben
und an einer Vorstellung der Zukunft festhalten,
der wir wünschen,
so wie vorgenommen,
auch mal in der Realität zu begegnen?

Wir fürchten uns davor,
dass die Zeit zu schnell vergeht,
bevor sie uns endgültig ausgeht.
Dass uns Zeit gestohlen und genommen wird,
und das endet, was wir sind
und in genauerer Betrachtung,
was ich doch nur durch die Zeit geworden bin.

Die Zeit formt uns und wir formen mit der Zeit.
Körper, Seele und Geist.
In der Zeit verbirgt sich das Wachstum
durch die Lebenserfahrung.

Wir Menschen aber empfinden die Zeit
mehr als ein dahinrinnendes Geschehen
und unsere Existenz als Mensch,
wird wegen ihr zunichte gehen – irgendwann –
irgendwann *bald*.
Die Zeit hat der Erde nie einen Menschen gegeben,
nur um ihn nach Ablaufen einer erfundenen Uhrzeit
zu sich selbst zurück zu nehmen.
Die Zeit nimmt nicht.
Die Zeit gibt nicht.
Die Zeit irrt sich!

Das ist es aber,
was wir unter ‚Zeit haben' verstehen.
Weil wir uns erinnern können
und Vorstellungen der Zukunft nachjagen.

Wir sind eifrig und eilen rum in der Ewigkeit.
Schnell – wir haben keine Zeit,
uns bleibt nur die Ewigkeit!
Die Zeit oder ihr Erleben ist
nur das Entstandene des noch nicht Dagewesenem.

Das Leben ist für mich ein Zwischenraum,
ein Zwischenstopp vielleicht.

Der Mensch glaubt,
dass der Tag und die Nacht ein festgelegtes Geschehen
für die Erde ist.
Dass Sekunden existieren,
nur weil eine Uhr sie uns vortickt.

Weil die Zeiger unserer Uhr sich im Kreise bewegen.
Die Uhr dreht immer ihre Sekunden, Minuten und
erfundenen Menschen-Stunden.
Sie bewegt sich pro Tag kaum weiter als 24 Stunden,
tausendvierhundertvierzig Minuten
oder 86400 Sekunden.

Wenn die Uhr mal den Geist aufgibt,
wissen wir trotzdem,
dass die betitelte Zeit weiter fliesst.

Das einzige Wesen,
von dem ich weiss,
dass es sich eine Uhr zugetan hat,
um den Verlauf der Dinge einordnen zu können,
ist der Mensch.
Wer eine Uhr hat,
wird sich besser in der Welt zurecht finden...

Die Uhr –
Ist sie ein Zeichen der Erinnerung
oder eine Entstehung und Erfindung,
gerade weil wir Menschen uns erinnern?

Ist die Zeit erst von Bedeutung,
wenn man ein Gefühl für eine vermeintlich
dagewesene schon geschehene Zeit hat?
Ja, wenn man Gefühle für sie entwickelt?
Das Zeitgefühl ist eine Erscheinung des Zwielichts.

Die Zeit ist ein Empfinden des Daseins – vielleicht.
Vielleicht aber auch nicht,
denn ich habe auch nur meine Empfindung als Beweis.

Ich sag Dir jetzt mal was.
Die Zeit beweist gar nichts,
schon gar nicht einen exakten Verlauf.
Alles hat *seine* Zeit.
Der Tag und die Nacht kamen,
als ihre Zeiten reif dafür waren.
Auf das Ein- folgt das Ausatmen.
Auf das Leben folgt der Tod.

Wenn du glaubst,
dass nach dem Tod kein Leben mehr folge,
dann frage dich mal,
ob sich die Nacht einen einzigen Gedanken darüber
macht, ob sie auch zum Tage erwacht?

Kann die Nacht nicht gleichzeitig auch der Tag sein,
auch wenn ihr Hell und ihr Dunkel
uns wach und müde macht?
Nur weil hell und dunkel den Zustand unterscheiden?

Wo ist der Tag und wo die Nacht,
wenn die Erde auf einer Hälfte immer Tag
und auf der anderen Nacht hat?

Sag mir,
wo der Tag nun entsteht,
und wer da oben meine Tage zählt?
Selbst bei Nacht scheint die Sonne
unseres Sonnensystems.
Die Sonne und die Rotation der Planeten,
haben dem Menschen ein Erleben
von Tag und Nacht gegeben.

Kein Baum,
kein Grashalm einer Wiese,
keine Biene oder Fliege,
kein Mensch wächst synchron,
mit irgendeinem anderen bestehendem Glied.
Aber wir wachsen!
Schnell oder langsam,
ein Tempo kennt die Ewigkeit nicht,
weil es sie nicht verändert in dem,
was sie IST.

Wir sind im Unwissen,
was noch geschehen wird.
Selbst das,
was bereits im Geschehen der Ewigkeit geschehen ist,
wissen wir nicht.
Ich will nicht behaupten,
dass auf das Leben der Tod folgt,
ohne zu behaupten,
das nach dem Tode wieder ein Leben beginnt.

Wir sind die Bewegung der Ewigkeit,
wir bewegen uns aus ihr und in sie hinein.

Wir verwandeln uns.
Und obwohl wir die Ewigkeit sind,
begeben wir uns in einen Zwischenraum,
mit der Illusion von einer begrenzten Zeit.

Wir begeben uns in einen Zwischenraum,
in dem wir das Leben erleben,
uns mit Körpern und Erinnerungen umgeben
und in jedem Augenblick
neuen Rätseln auf den Grund gehen.

Wir sind weder nur ein Lebender noch nur ein Toter.
Wir sind etwas noch ganz anderes,
etwas ohne Worte.
Wir sind ein *Ursprung*.
Und das *Entsprungene* aus dem Ursprung.

Ähnlich wie die Sonne,
welche bewirkte unsren Tag und unsre Nacht
ist sie nicht das,
was sie mit ihrem Sein bewirkt hat.
Sie ist ein Stern,
eine Sonne,
ein Leuchten und Strahlen an sich.

Durch ihr Leuchten entsteht unser Leben.
Mein Liebling,
obwohl du glaubst,
ein Mensch mit Körper zu sein,
ein Leben zu führen und sterben zu müssen –
dein Erleben ist das Ergebnis deines inneren Lichtes
der Ewigkeit.
Es gibt keinen Vergleich!

Aus dem Ursprung ist etwas entsprungen.
Ich nenne es Leben.
Aus dem Licht der Sonne entsteht
der Tag und die Nacht,
unser Segen – eine Pracht.

Die Zeit kannst du nicht messen oder stoppen.

Du kannst sie nutzen
und selbst das ihrige Nutzen ist
ein Ergebnis des Wachstums und nicht
ein Massstab des Alterns.
Wenn die Sonne einst erlischt,
so wünsche ich mir,
sie erinnert sich an das,
was sie uns gegeben hat.
Uns geschenkt hat.
Und vielleicht nimmt sie uns
Seelen allesamt auf ihre Reise mit
und wacht im Traume eines Kindes auf,
welches in einer anderen Dimension existiert
und tausend Jahre zu leben hat,
und über unsre 80 lacht.

Vielleicht erzählt die Sonne dann
einzelne Seelengeschichten,
vielleicht erwähnt sie uns ganz kurz ein kleines bisschen.
Damit dieses Kind der anderen Dimension
am Morgen aufwachen wird und immerhin
ein kleines Wesen sich an uns erinnert.
Auch wenn die Erinnerung kurz darauf verschwindet...

Was wäre die Zeit ohne die Erinnerung?
Gäbe es Erinnerung ohne die Zeit?

Falls sich die Sonne an uns erinnert,
dann wünsche ich mir,
sie tut dies für immer.
Denn das Einzige,
was verschwindet,
ist die Zeit,
denn auch die Zeit geht irgendwann
zurück zu ihrer Ewigkeit.

Wie die Reise weiterging

Wer sagt mir,
dass Zeit die Lösung ist,
wenn die Zeit mich erlöst vom Leben
und gleichzeitig als ihre Gefangene nimmt?

Der Unterworfene des bereits
geworfenen Würfels zu sein,
heisst Mensch sein.
Vielleicht schreibe ich all diese Zeilen nur,
weil es in Wahrheit doch die Zeit gibt
und ich nicht fassen könnte,
in dieser massgeschneiderten Begrenztheit
für den Rest meines Lebens
Erfüllung zu finden.
Mir im Wissen dieser Grenze
dennoch die Träume zu erfüllen.

Aber auch die Ewigkeit enthüllt sich
je nach Blickwinkel
als einen Kreislauf des Leids
auf ungewisse Zeit...
Gut zu sein und gut zu handeln,
ist also entweder der klägliche Versuch,
weniger zu leiden, weniger Zeit zu haben
oder sich schneller aus einem Kreislauf
der Menschenleben zu befreien,
indem man nach Regeln, Gesetzen
und Urprinzipien spielt,
die das Ziel der Erleuchtung und Erlösung aufweisen.

Insgeheim kann einem der Kreislauf
von der Reinkarnation gleichgültig bleiben,
insofern man die nötige Einstellung findet,
die einem das jetzige Leben erleichtern.

Die Endlichkeit und das Endlose sind Vorstellungen,
die bei mir aus dem Erleben der Zeit entstanden sind.

Da,
wo es Sinnvolles zu entdecken gilt,
kann uns einen Trost geschenkt werden,
trotz bewährter Sinnlosigkeit
ihr Gegenteil zu schöpfen,
um Hoffnung in uns zu bezwecken.

Wir können als Abbild eines Ursprungs
kaum nachvollziehen,
wie uns geschieht.

In der Theorie,
dass sich hinter allem eine versteckte Botschaft,
Lektion und Erkenntnis verbirgt,
steckt die leise Ahnung,
dass es vielleicht doch etwas Höheres gibt.

Der Mensch ist sich seinem Unwissen
stets unbewusst bewusst.
Er weiss, dass er nichts weiss,
noch wissen muss.

Aber wir können leben.
Die Ewigkeit entspringt nicht aus
einem IMMER oder aus einem NIE.
Die Ewigkeit ist augenblicklich.

The eternity is free.

Der Augenblick ist alles,
was vom Ewigen je übrig bleibt.
Die Ewigkeit bleibt nicht übrig,
sie ist der Brunnen der Liebe,
nicht dessen der Zeit.
Was das Leben für mich ist,
ist ein Zwischenraum,
ein Dazwischen,
wo ich mich selbst erfahren darf
und irgendwie auch nicht.

Ich bin ein wandelndes Bewusstsein,
was reflektiert,
was der Ursprung im Entsprungenen
schon lange ist.

Ich bin universal definierbar.
Also undefinierbar.
Ich erinnere mich nicht an den Zeitpunkt
meines Ursprungs,
nur an dessen *Augenblick*...

Weil der Ursprung die Ewigkeit ist,
weil Alles ewig ursprünglich ist.
Der Wandel ist das sich entfaltende
aus dem Entfaltendem.

Eine Gesamtheit und Einheit,
die augenblicklich wächst.

Der Wandel geschieht augenblicklich –
und in Anbetracht als Menschenkind,
mit existenten Erinnerungen
und Vorstellungen des Künftigen,
ist der Wandel der Beweis einer Zeit.

Die Zeit ist unser Anhaltspunkt,
unser kleiner Streitpunkt,
wann etwas *wie* war oder sein wird.
Und nicht zu vergessen,
zu sein hat oder zu sein haben muss!

Um in unserem Gedächtnis ein Bild zu erschaffen,
das sich einst im Augenblick erschaffen hat.
Um ein Geschehen an Ort und Zeit zu binden,
um sein Passieren und Dasein festzuhalten.
In Gedächtnis behalten...
Die Erinnerung räumlich gestalten.

Aber hey,
das ist okay.
Wir sind Menschen,
wir leben und sterben.
Wir sind Passagiere
der Ewigkeit und erleben,
dass es im Augenblick auch ein Ende
und einen Anfang gibt.

In der Ewigkeit gibt es Nichts,
dass es nicht gibt oder geben könnte.
In der Ewigkeit gibt es das Alles und das Nichts –
aber egal, was es gibt,
es existiert stets nur für einen Augenblick,
der sich stets wandelt und bleibt, was er ist.
Nur die Erinnerung kann längst Vergangenes
wieder Präsent werden lassen.

Der Mensch mit seinem Hirn,
ist dem kaum gewachsen.
Wir haben die Zeitmaschine längst erfunden
und nun ist sie reine Illusion,
derer wir zu entkommen versuchen
oder ständig auf Knopfdruck suchen.
Wir sind als Menschen geboren,
ein Erfahrender unseres Selbst.
Halt den Augenblick nicht an,
sondern empfange ihn und lebe ihn,
ganz in deiner Welt.

Ob du den Augenblick liebst,
hasst,
einen Sinn verpasst
oder verdrängst,
aus welcher Perspektive und mit welchen Sinnen
du ihn auch wahrnimmst,
es sind bloss Gewürze für die Erinnerung.

Eine Erinnerung an die Zeit,
eine Erinnerung, wie du bist oder warst
und wie sich dein Leben anfühlen mag.

Die Erinnerung ist ein Folgegeschehen
aus dem Erleben im Hirn des Menschen
und in seiner verwundbaren Seele.
Das Erinnern ist unvermeidbar,
denn es ist weltlich und gehört dazu.

Trotz ihres Rufs,
tut sie uns auch gut.

Bei manchen Dingen bleibt bloss
noch eine verblichene Erinnerung von dem,
was hätte sein können,
weil die Wirklichkeit sich dazu entschlossen hat,
das zu hinterlassen,
was hat sein sollen.
Ob wir diese Tatsachen gerne in Erinnerung behalten
oder nicht,
es *waren* und sind Begebenheiten,
an einem bestimmten Augenblick.

Der Augenblick,
der sich jetzt wohl nur noch in
meiner Erinnerung wiedergibt.

Liebe

Eine Zeit voller Glück.
Ein Stückchen Herz,
das du weitergibst.

Das Leere füllt sich voll
und du bist sichtlich stolz,
denn diese Liebe füllt den Magen
bis in ewig lange Tage.

Doch erklär mir,
soll das deine Liebe sein?
Kann das schon alles sein?

Ich hab schon viel gegeben.
Viel zu viel und doch noch nichts.
Ich kann nur mit Liebe leben,
sie aufzugeben, schaff ich nicht.

Mein Herz pocht vergebens,
wenn der Lärm es nur umgibt.
In der Stille würdest du hören,
wie sehr es dich vermisst.

Sanft und wohl geborgen
widmet mein Herz dir dieses Gedicht.
Nach dir sehnend und ganz leise,
es von der Liebe spricht.

Das Gespräch mit dem Chancen-Gott

„Ich hab dir tausend Chancen geschickt, mein Kind.
Ich habe dich zurückbeordert, noch dann,
als du es nicht wolltest.
Ich habe Dir die offene Tür geschenkt und gezeigt.
Dir verziehen für deine Furcht
vor Mir und deiner selbstausgesuchten Lebensaufgabe.
Doch irgendwann warst Du im Wissen,
was dich vor der Aufgabe hindert.
Es war nicht deine anfängliche Blindheit,
mein geliebtes Kind,
es war die gekorene Sicherheit des Egos,
nichts tun zu müssen,
wenn Chancen dir als Zeichen geschickt werden,
um zu wachsen.

Ich habe die Tür zu deiner Chance nun geschlossen,
mein Kind.
Jetzt stehst Du da und deine grösste Furcht wurde wahr.
Nicht diejenige,
die du glaubtest, sie sei es,
sondern diejenige Furcht,
nie zu wissen,
welche es gewesen wäre,
hättest du Deine Chance ergriffen.

Die Tür ist dir nun verschlossen,
deine Chance wurde Dir genommen.
Ich beordere dich Dir selbst,
da du es ja besser zu wissen,
als zu schätzen weisst."

„Bitte, mein gnädiger Gott –
Ich flehe Dich an,
ich bettle darum,
dass Du mir noch einmal
diese Chance geben kannst.
Damit ich die Aufgabe erfüllen kann!"

„Dann sag mir, mein geliebtes Kind.
Was ist in deinen Augen eine Chance?"

„Eine Gelegenheit, mein Herr, etwas zu ergreifen."

„Ach ja? Und..."

„Und es ist eine Gelegenheit,
etwas zu vergeigen."

„Vielleicht wurde genau diese Chance dazu geboren,
nur um sie zu verpassen, mein geliebtes Kind."

„Nein!"

„Und schon wieder verpasst du Das,
was dir diese verpasste Chance geschenkt hat."

„Was, was soll sie mir geschenkt haben,
wenn ich sie versäumt hab'?"

„Das Wichtigste, was dir dein Leben zu bieten hat."

„Und das wäre...?"

„Dich von Erkenntnissen zu ernähren,
mein geliebtes Kind.
Denn neue Türen sind Dir schon gesinnt,
wenn du sie auch wahrnehmen willst."

„Aber WO sind die offenen Türen,
ich sehe sie nicht?"

„Kein Wunder, du bist auch blind."

„Aber ich sehe doch einwandfrei,
mein Herr.
Verrate mir,
was mir meinem Auge entrinnt...
Wieso bin ich blind?"

„Du kennst die Antwort.
Du scheust dich nur davor,
weil derer Wahrheit stimmt.
Du siehst einwandfrei mit zwei Augen,
doch dein wichtigstes Auge ist weiterhin blind."

„Ich kann dir nicht folgen, mein geehrter Herr.
Ich habe doch zwei Augen, die die Wichtigsten sind..."

„Du sollst mir auch nicht folgen können,
sonst würde ich Dir wieder die Chance nehmen,
eine Erkenntnis aus unserem Gespräch mitzunehmen
und zu entdecken,
was es zu erkennen gilt.
Ich liebe Dich, mein Kind."

„Danke, dass du mir diese Chance gibst!"

„Du lernst nur von einer Chance,
wenn du sie verpasst oder erkannt hast."

Zitate aus meinem Seelengarten

♥

Fantasie ist die Vorstellung des zuvor Unvorstellbaren.
Der Wahnsinn, der sechste Sinn
oder die angeborene Gabe,
das Unvorstellbare ins Vorstellbare zu tragen.

♥

Irgendwann kommen die Menschen in dein Leben,
die nicht mehr gehen.
Manch Einer kommt zurück, weil er doch nicht fort war.
Und manch Einer kommt zurück,
nur um des Wissens Willen,
ob du für ihn Da geblieben bist.
DA, wo er selbst noch keinen Augenblick
für dich gewesen ist.
Und DA, wo er selbst auch nie einen Augenblick
für dich sein wird.
Da – da für Dich.
Für einen Augenblick.

♥

Prinzipiell möchte ich nur der Musik stundenlang
zuhören.

♥

Am Schluss bleibt Einer, der um dich kämpfen wird –
und der heisst Keiner.

♥

Eigentlich wissen wir noch immer nicht,
was *sozusagen* ist.

♥

Ich habe die Gedanken satt,
die mich nicht satt machen.
Anderseits hab ich's auch satt,
noch satter von Gedanken zu werden
und nach Sattheit zu streben,
nur um dann doch nie ganz satt zu werden.
Das nennt sich Leben.

♥

Die Realität ist ein dehnbarer Begriff.
Demnach existiert in meinem Kopf eine selbstgestaltete Wirklichkeit, die meiner Realität entspricht.
Mein Vorstellungsvermögen, es trägt mich weiter, als jedes vom Menschen erschaffene Transportmittel und bringt mich an jeden erdenklichen Ort, den es so nur in meiner Fantasie gibt. Also lass mich denken, wohin ich eben denken will.

♥

Ich glaube daran,
dass man Liebe sehen,
erfinden, fühlen,
verschenken,
erhalten, bewachen
und aufbauen kann.
Ich weiss,
dass man Liebe weitergeben kann.
Ich weiss,
dass man lieben kann.

♥

Lass die Menschen, wie sie sind

Lass die Menschen, wie sie sind.
Und wenn du merkst,
wie frei's dich macht,
dann hol tief Luft und hock mal ab.
Niemand zwingt dich,
beim Alten zu bleiben,
also pack dein Vertrauen
und geh einfach weiter!

Öffne dein Herz und lausch in aller Ruh,
welches Ziel ganz laut nach dir ruft.
Sei befreit von Last und Leiden
und führ dich hin auf neue Reisen.
Nimm an, diesen Mensch,
der du im Innern bist
und lass ihn aus dir scheinen,
deine Freude - dein wahres Ich.

Lass die Menschen, wie sie sind.
Und es passt, wenn's stimmt, dann stimmt's.
In dir lebt schon seit einer Weile,
deine ganz persönliche Art und Weise.
Dein Weg, den gehst du für Dich alleine,
hab Vertrauen, Mut und keine Eile.
Alles was du musst, ist so gering.
Alles was du tust, tu es für dein Ziel.

Sei du selbst und sei es gerne.
Die Menschen, die dich lieben,
werden zu dir stehen.
Und die Menschen, die nicht passen,
werden von allein kehrt machen.
Ich versprech dir Hier und Jetzt,
dass du ein wahrer Gewinner bist.
In dir da lebt schon seit einer Weile,
deine ganz eigene besondere Art und Weise.

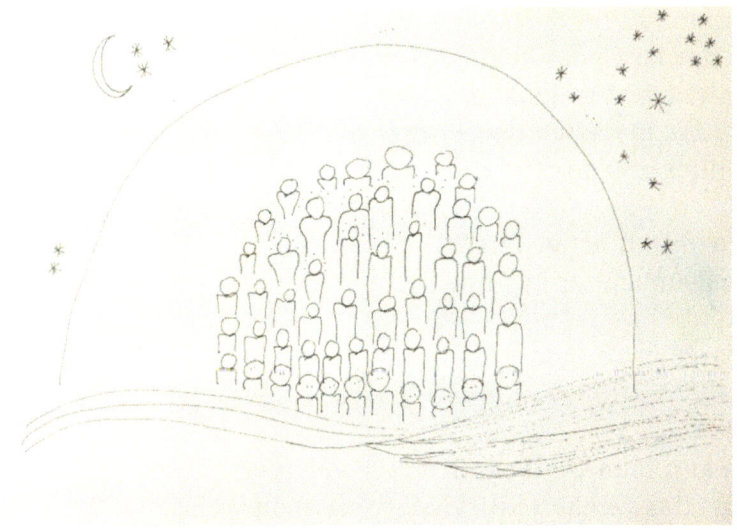

Zeit zum Denken

Das Denken kennt keine Grenzen,
es gibt lediglich einen Grenzdenker.
Im Denken entstehen Gedanken,
jeder Gedanke ist gedacht worden
oder soll noch gedacht werden.
Bist Du gedankenlos,
gedankenfrei oder gedankenvoll?

Bist du die Gedanken *los*,
bist du von Gedanken *frei*
oder bist du Gedanken *voll*?

Entsteht beim Denken immer ein Gedanke,
oder ist Gedankenlosigkeit ein Produkt des
nicht-fertig-denken-wollen oder können?
Muss man sich immer erst Gedanken zu etwas machen,
nutzt uns *das*?

Wohin führt er uns,
was macht er aus uns
und wir aus ihm?
Was löst er aus
und wo oder wann löst er sich wieder auf?

Kann man Gedanken verschwenden?
Ist das Denken hilfreich, wenn man weiss ‚wie'?
Kann man überhaupt wissen,
‚wie' man richtig Denken kann?

Denkst du in Bildern, in Worten
oder denkst du gegen die Wand?
Löst das Vorstellungsvermögen Lust, Gier, Angst
und gar unsere Verliebtheit aus?

Willst du lieber nicht darüber Denken oder nachdenken,
weil du Angst hast?
Weil du schon längst heimlich darüber nachgedacht hast?
Was unterscheidet den Denker von dem nichtdenkenden
Menschen?

Ist der Denker ohnehin *überlegen*,
nur weil er überlegt hat und überlegen kann?
Oder ist es genau das,
was ihn zu einem Hilflosen macht?

Der Nichtdenkende wird dir auf diese Frage bestimmt
eine unüberlegte Antwort geben,
also lohnt es sich,
sich selbst diese Mal anzuhören...

Lass mich eine weisse reine Feder sein

Lass mich eine weisse reine Feder sein,
die eine weisse reine Taube
an ihrem rechten Flügel schmückt.

Lass mich eine weisse reine Feder sein.
Die Taube trägt mich und ich trage sie,
wenn sie fliegt.

Lass mich eine weisse reine Feder sein.
So weiss, wie das schneebedeckte Tal,
wo die Engel Gottes miteinander weilen.

Lass mich eine weisse reine Feder sein.
So rein, wie das unberührte Wasser,
dort der Fluss im Jenseits,
der vom Berge ins Tal der Engel strömt.

Lass mich eine sanfte Feder sein.
So sanft, wie die Berührung eines Engels,
ein Engel, der die Weichheit der Liebe ist.

Lass mich eine starke Feder sein.
So stark, wie das Licht und der Flügelschlag
eines Engels – eines Engels
der mir zur Hilfe naht.

Lass mich eine warme Feder sein.
So warm, wie die streichelnden Sonnenstrahlen
an jedem Platz der Erde, wo sie uns begrüsst
und mit ihrer Wärme küsst.

Lass mich einen Teil des grossen Ganzen sein.
Eine weisse reine Feder, die mit andern Federn
den Platz auf dem Flügel der Taube teilen.
Diese Taube,
sie ist mein Leben.
Ich bin ihre weisse reine Feder.

Zusammen gleiten wir durch Gewitter und Regen,
unsere Sicht ist so manches Mal vernebelt,
dunkel wie hell.

Wir können nicht davor wegfliegen,
aber wir können diese Umstände durchfliegen.
Wir tragen uns gegenseitig.
Lass mich eine weisse reine Feder sein.

Lass mich eine leichte Feder sein.
So leicht, dass ich selbst beim Loslassen des Flügels
mich langsam von der Taube verabschieden kann
und ganz gelassen, in meinem Tempo,
in das Tal der Engel gleit'.

Lass mich eine weisse reine Feder sein,
dessen Wohl in die Hände eines Engels eilt.

Lass mich eine weisse reine Feder sein.
Mein Engel, mein Wächter,
lass mich dein liebstes Schmuckstück der Liebe sein.

Mein geehrter Engel, mein geehrter Wächter;
Lass mich Dir meinen tiefsten Dank zeigen,
mein Herz dir öffnen,
wie Du mir deine Flügel Gottes,
wenn ich weine und um Gnade zu bitten weiss.

Lass mich zu Dir sprechen in der Sprache der Liebe,
die Einzige, in der du Dich zeigst
und lass mich Dir meine Gefühle offenbaren,
auch wenn ich sie nur leise flüstern kann.

Mein geehrter Engel, mein geehrter Wächter;
Ich bin Dir dein wunderschönstes Kind.
Du liebst mich in jedem Augenblick für das,
was ich bin.
Du liebst mich für das,
was ich war und Du liebst mich schon jetzt
für das, was ich noch werde.

Oh mein Engel,
gewiss bist du mein höchstes Hab und Gut,
mein ewigster Schutz.

Mein geliebter Gott.
Ich danke Dir.
Du lässt mich eine weisse reine Feder sein,
doch du bist der meine klare Himmel der Liebe
und mein Sternenhimmel in der Nacht.

Danke für meine Taube,
für meinen Flug durch die Welt.
Ich danke dir mit reinstem Herzen
für jeden lehrreichen Moment.
Ich danke Dir für meine Engel,
die Deine und die Ihren sind.

Danke geliebter Gott,
Danke geliebter Engel,
danke geliebter Wächter
und danke geliebte Führer.
Ihr, die ihr hier seid,
für Taube und Feder,
für Flug und Nestleben.

Lass mich eine weisse reine Feder sein,
die, die dieses Gedicht schreibt.

Amen.

Die Seelenuhr

Das Geheimnis der Seelenuhr liegt darin,
dass sie augenblicklich tickt.

Das Geheimnis der Seelenuhr ist dort,
wo es keine Uhr von 24 Stunden gibt.

Die Seelenuhr hat ihre eigenen Zeiger
und diese werden Dich immer auf die Liebe hinweisen.

Die Uhr der Seele dreht sich nicht im Kreise,
denn eine Seele entwickelt sich immer weiter.

Die Seelenuhr ist wie der Ozean,
sie zeigt und führt Dich in jegliche Richtung,
bis sie bei der Liebe stehen bleibt.

Die Seelenuhr kennt dennoch die Reife der Zeit
und die deiner Seele.
Sie wird nie eine Lektion auf der Treppe
deiner Entwicklung übergehen.

Die Seelenuhr stoppt nicht,
misst nicht,
vergisst nicht.
Die Seelenuhr ist,
wie sie ist.
Einzigartig.
Geheimnisvoll –
und immer auf dem Wege zum inneren Licht.

Deine Seelenuhr besteht ewig,
deine Zeit aber bleibt vergänglich.

Rosenessenz

Mein Geheimnis ist die Essenz der *Rose*.
Ihr Licht ist meine Laterne,
ihre Weisheit meine gefundene Wärme.
Ihr Glaube floss in meine Schwächen,
ihre Kraft machte mich stärker.
Die Ihre Sorgfalt ist ein Schatz höchsten Wertes.

Ihr Licht holte mich *Irgendwann* ab.
Sie hat aus dem Anfang meines Endes ein endloses Ende
mit neuen Anfängen gemacht.

Sie nahm mich an der Hand,
als ich mich selbst nicht mehr im Spiegel hab erkannt.

Den Menschen erzähle ich von ihr,
von unserem gemeinsamen Weg.
Wünschte mir um jeden Preis,
auch sie könnten von ihr lehren,
ihr wunderbares Dasein als Hilfe annehmen.

Liebste Rose,
Du hast mir gezeigt,
wie der Geist geschliffen werden will,
wie ich Stücke und Scherben zusammenfüge
und alles zu einem farbigen Bild zusammenklebe.

Ich bin heute stark, war einst die Geschwächte.
Hundert lange Nächte warst du bei mir,
und sandtest mir blaue Lichtflecken.

Danke für Alles allerliebste Rose-Marie Markarian!♥

Meine Seele hat sich dazu entschieden,
Dir zu begegnen,
Dich zu segnen,
Dich dankbar zu lieben
und von Dir zu lernen,
immer wieder aufzustehen.

Liebste Mama, liebster Papa, liebste Evelyn

Ich möchte mich bei Euch von Herzen für Alles bedanken.

Ich liebe Euch aus tiefstem Herzen

Eure Veronika ♥

Ein Text über die Freiheit

Freiheit. Danach streben wir – ich. Der Zeitpunkt, an dem sie einem geschenkt wird, ist sympathisch. Ich schaue aus dem Fenster. Graue, weisse und gelbe Schleier verdecken den Himmel. Die Wolken sind sanftmütig, sachte, zart. Irgendwo hier draussen verbirgt sich eine freie Botschaft. Sie ist überall und nirgendwo. Sie ist unnachweislich – magisch. Verhüllt für den Blinden, klanglos für den Tauben, unvorhanden für den Greifenden, geschmacklos für den Würzenden und Einbildung für den Rationalisten. Eine Botschaft für die Namengebenden, wie mich. Doch im Unwissen dessen, was sich mir noch nicht zu offenbaren vermochte, ist es dennoch schon passiert.

Ich schaue aus dem Fenster, wer weiss, was mir mein Geist und mein Hirn alles rausfiltern. Aber ich sehe durch den Vorhang, das dicke Fenster und den Silhouetten des Baumes hindurch. Ich schaue hinter die Wolken, hinter die Berge, Flüsse und Seen. Ich sehe in die Freiheit. Oder ich bin frei und grenzenlos und kann es deshalb erkennen. Was soll mich schon blenden; ich mich selbst? Der Glaube gibt mir mehr Kraft als das Zweifelnde meines Egos.

Gott ist hier überall.

Die Sonne scheint in meinem Bauch. Die Kraft und die Ruhe verbreiten sich in meinem Herzen. Neben all dem Göttlichen gibt es einen Anteil in mir, der mich selbst gefangen zu halten versucht. Und dann ist da noch dieser andere Teil in mir, der mich ständig von meinen Irrtümern befreit und wieder in Richtung des heiligen Geistes führt. Der weite, grenzenlose Horizont. Der erste Anteil in mir, mein Ego, möchte sich am liebsten von allem Möglichen abhängig machen. Egal ob von einem Menschen, einem Tier, einem Zweifel oder einem Ort. Er will festhalten. Zum Glück befreit mich die Sonne der Liebe immer wieder.

Bei aller Reinheit, Liebe und Freiheit: Hier draussen befindet sich eine Botschaft. Hier draussen befindet sich Leben! In mir befindet sich dasselbe, wie in Dir. Freiheit ist Verbundenheit, doch die Abhängigkeit stellt sie als ein Gefängnis dar. Freiheit bindet sich und verbindet sich – ist von diesem Prozess aber unabhängig. Verstehst Du? Das macht sie frei. Freiheit ist Allem verbunden und an Nichts gebunden. Freiheit, Liebe, Hoffnung, Lehre, Gott, Dankbarkeit, Körper, Geist und Seele: Alles ist Eins und zwei und drei und ewig frei.

Es gab da eine Zeit in meinem Leben, da wäre ich für jemanden gestorben, für den ich nie gelebt hatte. Ich habe meinen Kleiderschrank ausgewechselt, mein Ich vertauscht. Ich habe alte Masken ausgezogen und neue aufgelegt. Ich habe mich einer täuschenden Liebe hingegeben, die mir Schrauben der Last ins Herz schraubte. Ich wollte geliebt, aufgefangen und verstanden werden. Mein Ego wollte sich von dieser ganzen Pein ernähren. Jedes Mal wenn das Licht der Sonne untergeht, erwacht ein Teil dieses Lebensabschnittes. Es ist, als würden meine Augen sich anders öffnen. Glaubst du mir, dass mich jeden Tag ein andrer Mensch im Spiegel ansieht? Ein Mensch, der sich selber erst findet, nachdem er sich ausser Augen verloren hat. In meinen Augen meine ich, Liebe zu sehen.

Liebe und Angst. Ich sehe braune kleine Augen, die sich davor fürchten, die Welt und sich so zu betrachten, wie sie es ohnehin tun. Ich sehe im Spiegelbild eine Frau, die mit den Figuren der Angst tanzt, weil sie sich einbildet, in dieser Welt keinen Platz ohne sie zu haben. Lange hatte ich die Hoffnung gehabt, jemand anderes würde mich mir enthüllen und meine pure Nacktheit und innere Wahrheit ehrlichen Herzens willkommen heissen. Jemand würde mich wachrütteln und auf die Stirn küssen.

Das Echo, welches sich an den Klippen des Verlangens wälzte, kam verschwommen zurück. Es war, als lauschte ich nach einem Rauschen der Vergewisserung. Das Echo klang mehr nach einem ausgelaugten Versuch. Als hätte ich eine Lüge hinausgeschrien und auf eine wahre Rückkehr der Liebe gehofft. Ja, es gab eine Zeit, in der ich durch meine Handschrift des Herzens zu mir selber fand. Ich blieb Nächte lang wach, dachte mich durch alle gespielten und festgewachsenen Wurzeln und Gitter hindurch. Ich dachte mich wach. Ich sägte und feilte mir den Dreck ab. Es hat ein Jahr gedauert und zu diesem Jahr fügen sich die Tage der Reihe nach hinzu. Nichts kann der Freiheit trotzen – nichts, ausser jener, der sie lebt.

Ende...

Danke

Ich möchte mich bei all den liebevollen und wunderbaren Menschen bedanken, die mich immer wieder zum Lächeln bringen und fest an mich glauben. Diejenigen, die mich so lieben und akzeptieren, wie ich bin. Mein besonderer Dank geht an meine Familie – an Mama, Papa und meine Schwester Evelyn, die mich auf meiner Reise stets begleitet und aufgefangen haben. Tausend Dank und Vieles zu verdanken habe ich auch meiner super Coachin und Begleiterin Rose-Marie Markarian, deren Fähigkeiten den Rahmen sprengen und mir eine grosse Hilfe waren und immer noch sind. Dir ist auch das letzte Gedicht im Band geweiht, die Rosenessenz. Für die wundervoll gezeichneten Bilder in diesem Band bedanke ich mich herzlich bei meiner Kollegin und zauberhaften Künstlerin Clara Eva Maria Colosio wie auch bei meiner Schwester Evelyn, die das magische Auge auf der Rückseite meines Covers gemalt hat. Ich liebe eure Kunst und bin super froh, ist ein Teil davon in meinem Gedichtband abgebildet.

Auch an meinen Freund Lars und an meine Freunde geht ein riesengrosses Dankeschön. Ihr habt vielen tiefen Gedanken, Gefühlen und so manchen Zweifel von mir Gehör verleiht und trotz allen Tiefs auch die Hochs mit mir miterlebt und stets zu mir gehalten und mich unterstützt. Danke für Euer Verständnis und eure Kraft. Ich bin allen Seelen, welche mir auf meinem Weg begegnet sind von Herzen dankbar. Dazu zählen auch meine Tier- und Baumfreunde und all meine göttlichen Helfer und Begleiter. Dank Euch bin ich jetzt hier, wo ich bin!

Ich liebe Euch und bin immer für Euch da!

Eure Veronika

Veronika Beyer

Als Kind machte mich der Glauben an das Wunder und den Zauber dieser Erde überglücklich. Es war erfüllend. Und ich machte mich jeden Tag auf den Weg, es zu finden. Jeden einzelnen Tag fand ich mein Glück und sein innewohnender Zauber. Am Abend lag ich im Bett und wunderte mich, wieso ich mich nie ans Einschlafen erinnern konnte. Das Christkind lebte und es besuchte uns immer an Heilig Abend. Ich sprach mit Tieren und mit mir selbst. Ich sang, spielte und tanzte durch die Welt. Und irgendwann fand ich das Glück an jedem Platz dieser magischen Erde. Ich fand das Wunder in den Büchern. Den Zauber in dem Wachstum, in der Natur und in den Wäldern und Bergen. Ich sammelte Steine und sah in jedem einzelnen den Wert eines Diamanten, jeder mochte auf seine Art glänzen. Ich fand wertvolle Geheimnisse im See, die nur mir alleine gehörten. Lernte, mich mit Plüschtieren zu trösten. Die Wiesen waren bunt, als ich süsse kleine Blumen zupfte und meiner Mutter in meinen Augen einen riesigen Blumenstrauss schenkte. Meine Augen leuchteten, wenn ich die Natur besuchen durfte. Die Elfen tanzten umher, die Kobolde grüssten uns und das Eichhörnchen auf dem Baum war unser Haustier.

Ich verbrachte unendlich viel Zeit mit meiner Fantasie und zeit meines Lebens verbrachte ich zusammen mit meiner Schwester auf einem Kastanienbaum. Er war meine ganze Freude, mein Freund und mein Heiler. Wir redeten jeden Tag zusammen. Auch an das Iglu bauen mit Papa mag ich mich noch gut erinnern.

Ich meinte immer, wenn ich erwachsen werde, endlich mehr zu sehen, als wenn ich ein Kind bin. Dann darf auch ich mal dem Christkind begegnen, den Osterhasen grüssen und alle Bücher der Welt fertig lesen.

Ich wartete jahrelang darauf, älter zu werden. Mir war nie bewusst, dass mir das Alter diese Dinge nicht in Echt geben wird sondern, dass ich das Glück und den Zauber, wie als Kind, noch immer jeden Tag selber suchen und entdecken muss. Auf einmal nahm man mir und dir das Kind sein weg. Ich erstarrte und fiel wie viele Erwachsenen in einen tiefen Schlaf. Und das nur, weil wir glaubten, das sei richtig so. Ich sollte lernen, in den Pflichten die Schönheit und Ganzheit des Lebens zu sehen. Ich drückte mich in dieses Muster ein, doch meine Seele suchte immer wieder die Fantasie und die Berührung zur Natur; meinem Daheim. Ich meinte immer, meine Eltern nicht zu verstehen, weil sie weise sind. Doch noch eine viel höhere Weisheit besass ich als abenteuerlustiges und wundersehendes Kind. Egal wo ich nach dem Glück suchte, ich fand es überall. Ab jetzt weiss ich, was mich wieder heilen wird! ♡

Gedichte heilen und transformieren ebenfalls Etwas in mir drin. Da ‚tut sich was', sobald ich schreibe. Das könnte einer der Gründe sein, warum ich immer schon gerne geschrieben habe. Ich tue einfach das, was ich liebe! Manchmal kann ich mit meinen Gedichten viele einzigartige Eindrücke auffangen. Da strömt und fliesst dann alles wie durch meine Hand hindurch und füllt die leeren Seiten mit meiner Art von Kunst.
Für mich bedeutet der Name Seelenuhr den Einklang und die Harmonie mit dem Wachstum meiner Seele. Die Freundschaft zwischen Körper, Geist und Seele – auch mit der Natur.

Das Wort Seelenuhr löst in mir Gefühle der Freude, des Glücks, der Herausforderung und der Liebe aus. Das bedeutet mir mehr, als was der Begriff an und für sich bedeuten soll. Ich erhoffe mir, dass jeder der Seelenuhr seine eigene, für ihn passende Bedeutung schenken kann.

Ich möchte, dass Du weisst, wie wertvoll und schön Du bist. Ich danke Dir, dass du diesen Gedichtband in deinen Händen hältst und darin gelesen hast. Sei gesegnet und umhüllt von Licht und Klarheit. Folge deinen Sinnen, Gefühlen, Hoffnungen, Wünschen und Träumen. Lausche deinem Herzen und deiner inneren Stimme. Lebe dein Leben und geniesse dein Sein! Danke für unsere Begegnung!

In Liebe
Veronika Beyer

PS: Ich freue mich über jeden ehrlichen und respektvollen Kontakt. Vielen Dank mein geschätzter Leser und meine geschätzte Leserin. Es werden weitere Gedichtbände von mir folgen ebenso mein erstes Buch, welches über die Angst handelt.

Kontakt: *seelenuhr@gmail.com*

Private Originalversion Juni 2015
1. Auflage
Die Seelenuhr – Gedichte sprechen Bände
Copyright © 2016 Veronika Beyer, Zug Schweiz
Cover und Gestaltung: © Veronika Beyer
Bild Rückseite Cover und Bild S. 33 von © Evelyn Beyer
Bilder im Gedichtband von © Clara Eva Maria Colosio, Zug

seelenuhr@gmail.com

Herstellung und Verlag:BoD - Books on Demand, Norderstedt

ISBN 978-3-7431-4163-6